LA

SCULPTURE

AU SALON DE 1877

PAR

HENRY JOUIN

SECRÉTAIRE DE LA COMMISSION DE L'INVENTAIRE GÉNÉRAL DES RICHESSES D'ART DE LA FRANCE

> Tous les hommes qui n'ont point estudié les sciences ne peuvent faire œuvres dont ils puissent acquérir guère grande louenge.
>
> Jean GOUJON.

PARIS

E. PLON ET Cie, IMPRIMEURS-ÉDITEURS

RUE GARANCIÈRE, 10

1878

LA

SCULPTURE

AU SALON DE 1877

DU MÊME AUTEUR :

David d'Angers, sa vie, son œuvre, ses écrits et ses contemporains. Deux portraits du maître, d'après Ingres et Ernest Hébert, de l'Institut; vingt-trois planches hors texte et un fac-similé d'autographe gravés par A. Durand. — 2 vol. grand in-8° vélin. — Prix : broché, 50 fr.

Il a été tiré quelques exemplaires sur papier de Hollande. — Prix : 200 fr.

La Sculpture au Salon de 1873, précédée d'une Étude sur l'*OEuvre sculptée*, grand in-8°. — 2 fr.

La Sculpture au Salon de 1874, précédée d'une Étude sur le *Marbre*, grand in-8°. — 2 fr.

La Sculpture au Salon de 1875, précédée d'une Étude sur le *Procédé*, grand in-8°. — 2 fr.

La Sculpture au Salon de 1876, précédée d'une Étude sur la *Statue*, grand in-8°. — 2 fr.

PARIS. TYPOGRAPHIE E. PLON ET Cie, 8, RUE GARANCIÈRE.

LA

SCULPTURE

AU SALON DE 1877

PAR

HENRY JOUIN

SECRÉTAIRE DE LA COMMISSION DE L'INVENTAIRE GÉNÉRAL DES RICHESSES D'ART DE LA FRANCE

> Tous les hommes qui n'ont point estudié les sciences ne peuvent faire œuvres dont ils puissent acquérir guère grande louenge.
>
> Jean GOUJON.

PARIS

E. PLON ET Cie, IMPRIMEURS-ÉDITEURS

RUE GARANCIÈRE, 10

1878

DU GROUPE

I

Dans notre précédent travail, nous avons traité de la statue. Nous nous proposons de parler du groupe.

Qu'est-ce que le groupe ?

Le groupe est l'expression totale de l'art du sculpteur.

Nous avons dit de la statue qu'elle résume l'art plastique. Le groupe est l'épanouissement de cet art. Il est le terme dernier de toute création pour l'artiste. Le statuaire ne saurait éprouver d'impulsion qui le porte au delà du groupe. Si nous observons le sculpteur dans sa formation intellectuelle, l'objet de son étude doit être la statue ; mais si nous l'accompagnons plus tard dans la vie, s'il nous interroge sur l'œuvre maîtresse vers laquelle doivent converger son intelligence, sa volonté, l'effort de sa main, c'est un groupe que nous lui demanderons de produire.

Pourquoi ? Quelle peut être la raison philosophique de cette loi ?

Nous allons le dire.

II

L'homme est un être essentiellement sociable qui ne conçoit rien sans relation. Ce qu'il voit dans sa propre mémoire, il le compare et le rapproche. C'est à l'état de groupe que les idées se meuvent dans son esprit.

L'isolement n'existe pas dans nos facultés.

Un enchaînement continu caractérise le jeu de la pensée, de même que la succession des heures, les battements ininterrompus des artères constituent la vie.

Ainsi des individus. Quels groupes multiples et changeants ne forment-ils pas depuis le foyer domestique jusqu'au forum où se tiennent les assemblées ?

Qu'est-ce qu'un peuple, qu'est-ce qu'une patrie?

Un groupe.

III

Lorsque l'artiste se prend à chercher un sujet, quoi qu'il fasse, l'individualité qui s'impose à lui n'est pas seule. Elle lui apparaît dans son cadre, dans son milieu.

S'il veut honorer un soldat, il le compare à Miltiade ou à Napoléon. Est-ce un orateur qui se réclame de lui? Démosthènes ou Berryer s'impose à sa pensée. Si c'est une page allégorique que l'artiste se propose de modeler, il ne s'arrêtera pas au symbole du Patriotisme sans avoir pesé malgré lui ce que vaudrait l'image du Dévouement ou celle de la Liberté qui se dressent instantanément sous son regard.

Et l'artiste, qui n'a dans ses mains qu'un pouvoir limité, voudrait être libre d'écrire les nuances de la passion sur des fronts divers et sans nombre, afin de laisser à chacun le signe distinct d'une pensée toujours saisissable, sans rien sacrifier de la vision qui l'enivre.

Mais c'est une statue, c'est un buste qu'on exige du sculpteur. Que va-t-il faire ? Il va plier sous le joug, et demander au marbre l'image isolée d'un grand homme ; toutefois, il ne détourne pas le regard des figures idéales qui font cortége à son modèle, et si vous l'approchez pendant son travail, vous l'entendrez dire :

« Cet homme dont j'honore la mémoire, ce citoyen, ce magistrat, ce poëte, qui va revivre dans un marbre, ne suffit pas à l'expression du courage, de l'intégrité, du génie d'un grand peuple. Je lui destine un frère. Je dresserai quelque jour l'image parallèle de ses émules. » — Corneille ne se conçoit pas sans Molière, Jeanne d'Arc appelle Jeanne Hachette. L'Hospital et d'Aguesseau, Turenne et Vauban, Gœthe et Schiller ne sont pas séparables dans l'esprit du sculpteur.

Et le statuaire compte sur l'avenir pour traduire son inspiration dans sa plénitude.

Alors qu'il affine un marbre solitaire, ce marbre n'est pour lui qu'une ébauche, un fragment du groupe entrevu et rêvé.

Le groupe est au sommet de toute pensée d'artiste.

IV

Telle est l'importance du groupe en sculpture. Mais les difficultés qui s'opposent à sa perfection doivent être grandes. Y a-t-il des règles que le statuaire soit tenu d'observer pour bien exécuter un groupe?

Assurément.

Si le groupe est l'expression complète de l'art, s'il est la création pleinement réalisée dans le marbre ou le bronze, il va de soi que les lois générales de la statue s'appliqueront au groupe, mais elles reçoivent une extension naturelle du caractère multiple du sujet traité.

V

Nous avons dit précédemment la genèse de l'inspiration chez l'artiste, le symbole de la pose, du nu, du vêtement, des attributs dans l'œuvre sculptée; nous ne reviendrons pas sur ces questions[1].

Aucun des principes que nous avons posés jusqu'ici ne doit être mis en oubli par le sculpteur qui veut produire un groupe.

[1] Voir la *Sculpture au Salon de* 1873, précédée d'une Étude sur l'*Œuvre sculptée;* — la *Sculpture au Salon de* 1874, précédée d'une Étude sur le *Marbre;* — la *Sculpture au Salon de* 1875, précédée d'une Étude sur le *Procédé;* — la *Sculpture au Salon de* 1876, précédée d'une Étude sur la *Statue*.

Mais l'artiste ne serait pas suffisamment armé contre l'obstacle si nous n'exposions les règles spéciales en dehors desquelles le groupe ne peut exister.

VI

Le groupe est simple ou il est composé.

La dualité est le caractère essentiel du groupe simple; la multiplicité, celui du groupe composé.

En effet, il ne saurait y avoir union, rapprochement, sans que deux personnes soient en présence, et, d'autre part, plus une assemblée compte des membres nombreux, plus aussi le groupe en est imposant.

VII

Sur quelles lois repose le groupe simple?

Sur une loi de parité et sur une loi de proportion.

VIII

Nous ne rappelons pas ici ce que nous avons toujours dit, à savoir qu'aucune œuvre n'est possible sans unité. Tout ce qui n'est pas un manque de vie, et par conséquent ne saurait prétendre à la durée. Ce principe ne peut être éludé. Il est à la fois le point d'appui et la splendeur de toute chose créée, l'Auteur des mondes étant lui-même l'unité suprême. Ce principe posé, demandons-nous en quoi consiste la loi de parité.

Burke va nous l'apprendre : « La succession et l'uniformité des parties, écrit le philosophe anglais, constituent l'infini artificiel[1]. »

La succession étant inévitable dans une œuvre d'art telle que le groupe qui comporte plusieurs personnages, nous trouvons superflu de rechercher dans quelle mesure elle concourt au sublime. Il est évident que des impulsions répétées accoutument nos sens à suivre une direction dont le terme dépassera la limite réelle des objets. Notre esprit, sollicité de se mettre en mouvement, perçoit l'idée de progrès dans les appels successifs des sens. Et dès que la commotion passe du domaine des sens dans celui de la pensée, il se fait, — si la comparaison nous est permise, — sur les ondes plus pures de l'intelligence, comme une suite de vibrations grandissantes, et cet ébranlement magnifique jette le spectateur d'un chef-d'œuvre dans les joies de l'extase.

IX

Mais comment un philosophe ose-t-il mettre en regard de la succession des objets leur uniformité ? Y a-t-il lieu de penser que ce caractère singulier soit de nature à flatter l'esprit ?

[1] *Recherches philosophiques sur l'origine de nos idées du sublime et du beau*, par Edmond Burke, traduit de l'anglais par E. Lagentie de Lavaisse. Paris, Jusserand, an XI, in-8°.

Oui. Et voici, d'ailleurs, quelle preuve Burke lui-même apporte à l'appui de sa thèse :

« L'uniformité, dit-il, est nécessaire si l'on veut porter la pensée au delà du réel; car, si les parties changent de figure, l'imagination rencontre un obstacle à chaque changement. Toute altération devient le terme d'une idée et le commencement d'une autre : dès lors, il reste impossible de poursuivre cette progression ininterrompue qui seule peut imprimer aux objets bornés le caractère de l'infinité [1]. »

Nous trouvons dans ces lignes le principe de parité nécessaire à la composition du groupe. Qu'est-ce que la ressemblance, l'égalité de nature, la valeur correspondante, la relation réciproque, sinon ce que le critique anglais appelle l'uniformité ?

X

Essayez d'enfreindre cette loi, le groupe cesse d'exister. Il y a bien sur ce même socle, sur ce même carré de marbre plusieurs êtres juxtaposés, mais, si voisins qu'ils soient, la loi de parité ayant été méconnue, je ne puis voir dans votre œuvre que des objets distincts, sans relation vraie, à jamais séparés par la différence des natures, des aptitudes, du caractère, de la puissance, de la forme elle-même : encore une fois, il n'y a point de groupe.

Laocoon, sans ses fils, se tordant sous les étreintes du reptile qui l'enserre, ne serait plus autre chose qu'une

[1] *Recherches philosophiques.*

statue. L'*Hercule étouffant les serpents,* à la Galerie royale de Florence; *Ulysse sous le bélier,* s'échappant de l'antre de Polyphème, à la collection Pamphili; *Ganymède enlevé par l'aigle,* au Musée Pie Clémentin; *Europe emportée par le taureau,* au Vatican; *Léda et le cygne,* au Musée Saint-Marc, à Venise; *Diane à la Biche,* au Musée du Louvre, sont des statues.

Est-ce donc que le sculpteur inhabile n'a pas su enlacer assez étroitement l'homme et l'animal pour qu'il y eût unité dans son œuvre?

Non. Ce n'est point le talent qui a manqué.

Des marbres que nous rappelons, plusieurs méritent d'être dits sans lacunes. Hercule est vraiment en lutte avec les serpents; Ulysse, tremblant de peur, se cramponne avec désespoir à la toison du bélier; Ganymède s'élève avec grâce dans les airs, emporté par l'aigle; Léda repousse les caresses de Jupiter transformé en cygne; Diane la chasseresse modère avec vérité une jeune biche dans sa fuite; mais si la composition demeure à l'abri de la critique, je ne retrouve pas ici l'unité que réclame le groupe, parce qu'il n'y a pas relation directe entre l'animal et l'homme, toute parité entre eux étant impossible. Aussi ne craignons-nous pas d'affirmer que les maîtres qui ont sculpté de telles œuvres n'ont pas cru faire des groupes.

XI

Nous avons dit qu'après la loi de parité, une loi de proportion s'impose au sculpteur s'il veut composer un groupe.

Il suffira de quelques exemples pour montrer l'évidence de ce principe.

Le *Bacchus couché* caressant un petit enfant, au Musée du Louvre; le *Centaure* portant un Génie sur sa croupe [1], le marbre colossal du *Nil* sur lequel seize figures d'enfants sont disposées avec art, dans une intention allégorique [2]; *Silène portant Bacchus* [3], sont des statues, non des groupes.

Il est vrai, une relation directe existe cette fois entre les figures que l'artiste a réunies, mais il n'y a pas équilibre entre elles; elles manquent de proportion. L'enfant que caresse Bacchus, le Génie qui lutine le Centaure, les figurines rapportées après coup sur l'image du Nil, le jeune dieu du vin porté dans les bras de Silène ne sont guère que des accessoires qui ajoutent, sans doute, au mérite du sujet principal, mais sans modifier cependant son autonomie.

XII

Nous en convenons, la loi de proportion ne saurait être d'une rigueur absolue. Tel artiste viendra prétendre qu'il est l'auteur d'un groupe alors que, traitant le même sujet avec des éléments identiques, tel autre estimera n'avoir fait qu'une statue.

La *Vénus Marine* et la *Vénus Victorieuse* du Musée du

[1] Au Musée du Louvre.
[2] Au Musée du Louvre.
[3] A la Glyptothèque de Munich.

Louvre ont l'une et l'autre auprès d'elles la figure de l'Amour; mais la déesse est debout, et l'Amour, qui se hausse en montant sur la tête d'un dauphin ou qui essaye le casque du dieu de la guerre, n'atteint pas, il s'en faut, aux proportions du corps de sa mère. Il reste donc un accessoire de la statue, quelque chose de plus qu'un attribut, et c'est tout.

Si nous observons maintenant la *Vénus accroupie* de la collection Origo [1] ou celle du Musée Borbonico, l'une et l'autre sont également accompagnées d'un Amour. Mais l'attitude ramassée de la déesse ajoute à l'importance de la figurine qui complète son symbolisme. C'est bien la même composition, c'est le même sujet, ce sont les mêmes personnages qui tout à l'heure sollicitaient notre étude; toutefois la pose est changée, et ce qui n'était au Louvre qu'une statue devient un groupe à Rome et à Naples.

Que ce soit la silhouette générale, la cadence des lignes qui commandent seules cette distinction, vous l'entendrez faire par la critique, tant il est vrai que l'œil a ses exigences et ses franchises quand il s'agit des arts du dessin.

XIII

Mais nous n'avons étudié que la lettre du groupe : il nous faut en pénétrer l'esprit. C'est en praticien que nous venons de parler, élevons notre critique.

[1] A Rome.

XIV

Il est une loi de raison sans laquelle l'œuvre d'art n'est qu'ébauchée. Vainement y a-t-il relation de nature et de forme : si les volontés, si les intelligences, si les âmes, en un mot, ne correspondent entre elles, le rapprochement des corps est sans valeur.

L'être isolé est celui qui pour exister dans son essence n'a pas besoin d'un autre être.

L'être groupé est celui qui pour être pleinement constitué a besoin d'un autre être ou le suppose.

C'est la partie supérieure et pensante, bien plus que la partie inférieure et purement sensible, que l'artiste doit considérer dans son sujet. C'est elle qu'il doit pétrir dès la première heure. Sa glaise exprimera tôt ou tard, dans une pondération calculée, la grâce des formes tangibles; mais ce qu'il doit chercher avant tout dans l'argile, c'est une âme. Si de prime abord la dynamique des passions ne vous a séduit, vous n'êtes pas artiste, et le groupe que vous allez sculpter sera sans mérite. Eh quoi! la chaleur agit sur les corps inertes, elle rend à l'état liquide l'or et le fer; la lumière inonde par un acte soudain tous les mondes connus de l'homme, et votre intelligence, qui peut analyser la chaleur et la lumière, se replierait sur elle-même, en présence d'un peu de sable humide! Des forces physiques, inconscientes, auraient le don de modifier la nature des corps, et vous, qui n'avez qu'à vouloir pour vêtir la matière d'un manteau d'âme, vous abdiqueriez votre droit!

Qui donc ici-bas partage avec l'homme le royal privilége de transmettre une âme?

XV

L'âme est au principe de tout acte.

Or, l'acte exprimé par le groupe devant être le produit d'un effort multiple, c'est une âme centuplée, disons mieux, c'est l'âme à l'état sociable que le statuaire doit regarder en face avant de façonner sa terre.

Il faut, pour ainsi parler, qu'une action spontanée se soit imprimée d'elle-même sur l'argile. La pose, le geste, l'expression des traits ne seront que la résultante d'une passion primordiale, d'une action unique, supérieure et maîtresse, dans les plis de laquelle l'œil de l'esprit saura discerner la raison d'être, l'essence même du groupe.

Or, pour peu que vous ayez placé l'unité de votre œuvre sous la sauvegarde de l'idée, l'œuvre sera bonne; et si pur que soit le marbre sur tous les points du groupe, s'il advenait qu'un jour quelque partie de l'œuvre fût distraite de l'ensemble, des générations successives salueraient dans la *Venus Victrix* un fragment.

XVI

Il y a plus de deux mille ans, Praxitèle ou Lysippe — il n'importe — sculptait en marbre pour les habitants de Mélos un groupe magistral. La mère des trois Grâces, Vénus, représentée dans sa force et dans sa beauté, tenait le premier rang dans l'œuvre du statuaire. L'image de la déesse était séductrice. Fière par l'attitude et le regard, elle charmait par la douceur des lèvres et la distinction de ses formes.

Au commencement de ce siècle, un paysan grec, nommé Georges, travaillant dans son jardin, mit à découvert, d'un coup de pioche, le marbre chassé du temple. La France obtint le chef-d'œuvre et l'abrita dans son Louvre. Depuis soixante ans l'Europe entière s'est arrêtée devant la Vénus de Milo. Mutilée, l'impérieuse déesse est sans bras. Et tous les antiquaires de ce temps se sont appliqués à reconstituer le geste de Vénus, l'idée dont elle fut le symbole, la place qu'elle occupa dans le groupe primitif.

Car, si merveilleuse, si enviée que soit l'œuvre grecque, il n'est personne qui ne la juge un fragment de groupe.

Est-ce Mars, est-ce l'Amour qui figura jadis à la gauche de Vénus? Nous n'avons pas à décider entre les partisans des deux ou trois groupes fameux auxquels on rattache involontairement la Vénus de Milo. Toutefois cette persévérance dans l'étude, ces débats élevés à propos d'un marbre brisé, ne sont-ils pas l'indice de la puissante unité de l'œuvre antique? L'artiste, quel que soit son nom, qui sculpta le groupe de Milo conçut l'idée de commandement. L'autorité qui s'impose fut la pensée mère de son poëme, et l'épiderme du marbre fut si habilement creusé par lui dans un but de volonté, d'empire, que sans témoignage écrit, sans indication d'aucune sorte qui puissent nous guider, nous remontons les âges, avides de contempler un groupe dont les restes magnifiques épuisent notre enthousiasme.

XVII

Quel qu'ait été le groupe de Milo, il nous est permis de penser que ce dut être un groupe simple, c'est-à-dire ne comptant pas plus de deux personnages.

Nous voudrions parler maintenant du groupe composé.

Quelles sont les lois des œuvres d'art de cet ordre?

L'alternance et la progression.

XVIII

« Le beau, a dit Edmond Burke, ne peut exister dans les choses qui présentent une longue uniformité, ni dans celles dont les changements s'opèrent par des coups brusques et tranchants [1]. »

La loi d'alternance s'impose donc à l'artiste qui a pour mission d'exprimer le beau.

Si nous remontons au principe de cette loi, nous découvrons en effet qu'elle a pour but de rompre l'uniformité en ramenant aussitôt notre esprit vers l'objet qui tout à l'heure le retenait.

Choisissons un exemple. Le *Laocoon* présente une heureuse application de la loi d'alternance. Trois éphèbes en lutte avec des serpents, s'ils avaient la pose des person-

[1] *Recherches philosophiques.*

nages du *Laocoon*, constitueraient un groupe uniforme. Le père au milieu de ses enfants forme un groupe alterné.

Et, certes, ni la loi de parité, ni celle de proportion n'ont été négligées par l'auteur du *Laocoon*. Nous ne parlons pas de l'idée qui se dégage du marbre torturé : la douleur intense est écrite dans les plis de la pierre.

Je trouve de plus dans ce groupe le respect de la loi de progression.

XIX

Que réclame cette loi ?

Elle veut qu'il y ait ordre, harmonie entre les éléments constitutifs du groupe, de même qu'elle exige dans la société qu'il y ait hiérarchie, sans quoi les membres d'une nation cessent d'être un peuple pour devenir une multitude.

L'harmonie suppose la subordination.

L'artiste ne pensera donc pas avoir fait un groupe si les personnages qu'il représente n'ont d'autres liens entre eux que la simple convenance ou l'indispensable utilité des services.

Le sculpteur doit viser plus haut. Il faut, pour que le voisinage des figures dans un même groupe n'ait rien de factice, qu'il y ait entre elles une subordination logique, une dépendance raisonnée.

XX

Tel personnage est-il le symbole de l'intelligence?

Qu'il tienne le premier rang. Cet autre est-il une allégorie de la force? Donnez-lui la seconde place. Avez-vous emprunté quelque partie de votre œuvre au monde végétal? Les sirènes affolées, debout sur la côte de Campanie, suivent-elles d'un regard anxieux les vaisseaux grecs? La végétation de la rive, les rochers ne devront être que des accessoires, indiqués plutôt que vus.

C'est la loi de progression qui l'exige.

Sans doute le géant sera renversé, rivé au sol, et l'impitoyable vautour le dominera. Mais entendez le poëte :

> Rostroque immanis vultur obunco
> Immortale jecur tondens, fecondaque pœnis
> Viscera, rimaturque epulis, habitatque sub alto
> Pectore; nec fibris requies datur ulla renatis [1].

Immortale jecur! Est-ce que la volonté plus forte que les tortures, est-ce que les soubresauts de la victime ne sont pas écrits dans ce mot? Tout à l'heure, peut-être, vous vous sentiez prêt à proclamer la défaite du Titan. Ne vous hâtez pas. Le duel se poursuit, et ce n'est pas l'homme qui succombera. Le poëte vous l'apprend, l'homme porte au cœur une flamme immortelle, que les serres du vautour ne sauraient éteindre. Encore une heure, un jour, un siècle peut-être, mais l'homme se redressera. Voilà pourquoi vous devez pressentir ce réveil de l'homme dans la lutte où vous l'allez surprendre. Que son geste, son regard, les veines de son front, le gonflement de sa poitrine, la crispation de ses membres, que tout m'intéresse et me captive dans ce dieu tombé.

[1] VIRGILE, *Énéide*, liv. VI.

XXI

La force matérielle tient peu de place dans le temps. Elle se mesure avec l'obstacle, mais la lutte l'épuise.

La lumière vient de plus haut que la force. Elle baigne le monde de ses ondes salutaires. Parfois la force s'attaque à la lumière. Elle intercepte sa clarté, mais le rayon brisé n'est pas détruit. Tôt ou tard les tronçons lumineux se rapprochent et se soudent pour éclairer encore.

XXII

Prométhée, qui déroba le feu du ciel, est l'image de l'homme. C'est l'homme qui, étant le reflet de Dieu, illumine toute création.

Et cette prépondérance de l'homme que nous voulons retrouver dans le groupe, les Grecs l'ont toujours respectée. Le *Taureau Farnèse* du Musée Borbonico n'est-il pas dompté par Zéthus et Amphion? Dircé, jetée à terre et attachée à l'animal furieux, deviendra sa victime, mais c'est avec intention que le statuaire a sculpté seulement le prologue du drame, afin que l'homme apparût encore victorieux.

XXIII

Ainsi, des groupes *Hercule et le Centaure,* du Musée de

Florence, et *Thésée combattant le Minotaure,* de la villa Albani. Mais ces deux ouvrages sont ce que nous appelons des groupes simples, tandis que le *Taureau Farnèse* est un groupe composé. Or, ce marbre célèbre est traité d'après l'ensemble des lois que nous venons d'exposer.

La loi de parité trouve son application dans la présence de Zéthus et d'Amphion, de Dircé, de Bacchus et d'Antiope.

La loi de proportion, dans l'équilibre des figures.

La loi d'alternance, dans la position qu'elles occupent. Les fils d'Antiope, tenant les extrémités latérales du groupe, sont séparés par le taureau, tandis que, des deux reines, l'une est au troisième plan, et l'autre au premier.

La loi de progression, nous venons de le dire, est écrite dans la subordination de l'animal à l'homme. Il n'y a pas jusqu'aux chiens, à l'aigle et aux sangliers que comporte le groupe, dont la valeur n'ait été savamment graduée. L'harmonie générale n'est pas rompue par ces nombreux détails. Et plus on analyse l'œuvre d'Apollonius, plus on admire la méthode du statuaire. Le *Taureau Farnèse* était digne, par la science qu'il révèle, de décorer les splendides jardins d'Asinius Pollion, et Pline a eu raison de ne pas oublier une pareille œuvre.

XXIV

« L'art grec, écrit David d'Angers, est plus riche en bas-reliefs et en statues qu'il ne l'est en groupes [1]. »

[1] Voir notre ouvrage *David d'Angers, sa vie, son œuvre, ses écrits et ses contemporains,* tome II, p. 16.

On objectera peut-être que le maître français, qui n'était pas un archéologue, n'a pu juger de la rareté des groupes dans l'antiquité que par les restes venus jusqu'à nous. Cette preuve ne suffit-elle pas? Est-ce qu'un groupe, en raison même de son volume, ne présente pas plus qu'une statue des chances de conservation?

Que peut-il rester d'une statue, après des mutilations et des chocs sans nombre? Rien ou presque rien. D'un groupe, il doit survivre de notables fragments.

Si donc David d'Angers s'est ému du petit nombre des groupes antiques que possèdent nos galeries, nous avons le droit de penser que les Grecs, toujours prompts à traiter le bas-relief et la statue, ont souvent hésité devant le groupe.

Qu'avons-nous besoin de rien ajouter?

Si les maîtres de toute science en plastique, ceux dont le goût fut presque divin, si les descendants ou les émules de Phidias, de Lysippe et de Praxitèle se sont troublés avant de sculpter un groupe, c'est apparemment que le péril de ce genre d'ouvrage leur était connu, et qu'ils avaient proclamé le groupe la pierre de touche du génie.

LA SCULPTURE

AU SALON DE 1877

I

Le Salon de sculpture de 1877 a visiblement souffert du voisinage de l'Exposition universelle.

Au premier coup d'œil on s'aperçoit que les grandes œuvres sont clair-semées dans le jardin du Palais. Les bustes, les figurines, les médaillons, ne sont pas moins nombreux que les années précédentes, mais tout le monde sait que la sculpture n'est point un art qui se plie aisément à la représentation des petites choses.

Il faut au marbre et à la pierre des images de proportions colossales. L'art plastique vit de commandement. Par la dureté de la matière, il s'impose au temps ; par ses aspects grandioses, il subjugue les foules ; par les hautes leçons qu'il transmet, il maintient dans l'honneur les intelligences de plusieurs générations.

Ce n'est donc point dans l'étude de quelques menus

objets qu'un critique sincère peut chercher le diagnostic de l'école de sculpture. La grâce fût-elle écrite dans les plis élégants d'un marbre réduit, d'une terre cuite, d'un albâtre, d'une cire traités avec goût, la pensée n'habiterait pas à l'aise en de pareils ouvrages. Ou le sculpteur est l'homme d'une inspiration courte et diminuée, ou l'impérieux besoin d'équilibrer de grandes lignes, des plans larges et vigoureusement accentués, se fera sentir à l'artiste. Il voudra parler haut sa pensée, et, la forme étant le verbe du statuaire, il cherchera dans la glaise une forme puissante, distinguée, idéale, imprégnée du divin.

II

M. Desbois : *Othryades.* — M. Geefs : *Léonidas aux Thermopyles.* — M. Jouneau : *Manlius Torquatus vainqueur du Gaulois.* — M. Maillet : *César.* — M. Falguière : *Lamartine.* — M. Roubaud jeune : *Lamartine.* — M. Félix Martin : l'*Abbé de l'Épée.* — M. Laurent : *Jacques Callot.* — M. Becquet : le *Père Ducoudray.*

La sculpture historique, si délaissée de nos jours depuis que Rude, David et Foyatier sont morts, compte au Salon un certain nombre de figures que nous voudrions analyser.

Ouvrons notre critique par l'examen des personnages qui se réclament de l'histoire grecque ou romaine. Ce sont eux qui appellent plus spécialement le ciseau. Le nu étant la condition de la sculpture, il est naturel que les statuaires doués de pensée, lorsqu'ils ambitionnent d'aborder une scène historique, se reportent volontiers aux siècles passés, le costume moderne étant assez peu sculptural pour que l'artiste ne s'aventure point à le traiter sans y être obligé.

L'*Othryades*, de M. Desbois, présente des lignes heureuses du côté droit de la figure, mais ni la pose ni l'expression ne sont en complet accord avec l'acte que le sculpteur a voulu rendre. Je ne reconnais point dans le regard somnolent d'un homme à demi couché l'énergie passionnée qu'Hérodote prête au dernier survivant des trois cents Spartiates qui durent se mesurer contre trois cents Argiens. Sans doute Othryades, raconte l'historien, se frappa lui-même de désespoir, ne pouvant survivre à ses compagnons; mais c'est avec son sang que le farouche soldat écrivit sur son bouclier que la victoire lui était restée. On voudrait lire sur les traits de l'*Othryades* de M. Desbois l'accent d'une joie combattue, d'un désespoir mêlé de honte et de fierté : la matière impassible ne laisse rien deviner du trouble intérieur.

Il y a dans la statue d'un autre Spartiate, *Léonidas aux Thermopyles,* par M. Geefs, une exagération sensible tant au point de vue de la pose que de l'agitation des draperies, mais du moins le mouvement général est-il juste et le modelé délicat. Les plans sont équilibrés avec goût. Si la figure était dégagée du vêtement pittoresque dont l'a gratifié l'artiste, nous pensons que le *Léonidas* nous apparaîtrait calme et résolu comme il sied à un chef d'armée de son caractère.

Quelle faute de goût a commise M. Jouneau dans la composition de son *Manlius Torquatus, vainqueur du Gaulois!* Manlius tient la tête du géant à la hauteur de son propre front, et, pour peu qu'on oublie de se bien placer, ce n'est plus le Romain qui frappe le regard, c'est le Gaulois décapité. M. Jouneau n'est pas encore maître de son ébauchoir : il lui reste à apprendre.

Décidément nous ne trouvons rien à louer dans la sculpture historique dont les scènes se rattachent à l'antiquité. Le *César* fantastique de M. Maillet, un poignard au flanc, un vautour sur la poitrine, ne saurait nous réconcilier avec le style héroïque que nos sculpteurs d'histoire n'ont pas su aborder. Sans nul doute nous serons plus heureux dans l'examen d'ouvrages plus modernes par l'idée.

Bien que le vêtement ne soit pas d'une exécution facile en sculpture, il arrive, et le Salon de 1877 en offre la preuve, que des sujets contemporains inspirent franchement l'artiste, tandis que le monde ancien le laisse froid.

Le *Lamartine* de M. Falguière a certainement gagné aux retouches que lui a fait subir le statuaire avant de le confier au fondeur. Nous sommes heureux, dût le symbolisme de la statue se trouver diminué, que les branches d'olivier si malencontreusement placées sur le socle de l'œuvre originale aient disparu ; mais M. Falguière n'a pas su effacer de son travail ce qu'il renfermait de dur et de criard. Où est Lamartine? Où est le poëte rêveur, l'Homère de ce siècle, si mélancolique et si vrai, dont le puissant génie mêlé de tendresse et d'extase a laissé les pages les plus suaves que jamais une main d'homme ait tracées? Où est l'auteur de *Pensée des morts*, du *Lac* et de l'épisode des *Laboureurs?* M. Falguière ne nous rend pas ce pur et grand esprit dont le nom seul réveille chez les âmes délicates tout un monde de souvenirs.

Une seconde image de *Lamartine* figure au Salon. Elle est de M. Roubaud jeune. Ce n'est qu'une esquisse, mais — *si parva licet componere magnis* — nous la préférons au bronze colossal de M. Falguière. Le poëte est mieux drapé dans l'esquisse que dans le bronze : il porte la tête légèrement inclinée et rejetée en arrière avec une grâce exquise. David d'Angers avait posé ainsi Lamartine en 1830, lorsqu'il lui offrit son portrait. Cette attitude, d'ailleurs, était naturelle à l'auteur de *Jocelyn*.

M. Roubaud ne s'est pas borné à sculpter Lamartine : deux Muses lui font cortége. Silencieusement assises de chaque côté du piédestal, elles rappellent quelle fut la gloire littéraire de l'homme éminent qui, pendant trente années, tint le sceptre de la poésie. L'homme public est volontairement laissé dans l'oubli par l'artiste; ce n'est pas, nous le pensons bien, que M. Roubaud ne partage notre gratitude pour l'homme qui, en un jour d'émeute, triompha du drapeau rouge et recula de vingt-trois ans le sinistre avénement de la Commune; mais une même œuvre, si achevée qu'elle soit, ne peut pas tout dire. C'est au poëte qu'est dédié le monument qui nous occupe, et c'est le poëte qu'il rappelle avec éloquence. Peut-être oserions-nous souhaiter, si l'œuvre de M. Roubaud recevait quelque jour les honneurs du marbre, que les Muses se trouvassent placées dans le même sens que la statue principale, afin que le monument n'eût, en réalité, qu'une face importante.

De même nous voudrions que ces figures accessoires fussent moins distantes de Lamartine, mais c'est à M. de Perthes, l'architecte du monument, que nous faisons remonter la distribution des figures. La corniche du piédestal, trop saillante selon nous, nuit à l'unité de l'ensemble en séparant les Muses du poëte.

Que manque-t-il au groupe de M. Martin, l'*Abbé de l'Épée,* pour être un ouvrage excellent? Plus de laconisme et d'idéalité dans le travail de la tête, plus de goût dans le jet du vêtement, auraient suffi à rendre la statue de l'éducateur français presque sans défauts. L'attitude, le geste, disent le caractère paternel de ce prêtre qui puisa dans son cœur la syntaxe d'une langue nouvelle appelée à rendre la vie de l'intelligence à des milliers de déshérités. Le jeune sourd-muet debout à droite de l'abbé de l'Épée répète avec une naïveté charmante le signe que vient de lui apprendre le maître et qui va lui permettre de nommer « Dieu ».

Il y a dans ce bronze un peu rude tout un poëme, plus délicatement pensé que rendu; mais, de même que nous constatons dans l'œuvre définitive l'existence de qualités que ne renfermait pas le modèle de la statue, nous voulons espérer que M. Martin, qui déjà possède ce grand levier de l'artiste, la pensée, ne tardera pas à acquérir la touche légère, la finesse du modelé, le tact de l'ébauchoir sans lequel les œuvres les plus sérieuses ne sauraient séduire le regard.

Jacques Callot, par M. Laurent, est une figure éminemment décorative. L'artiste patriote, qui eût souhaité qu'on lui coupât le pouce plutôt que de l'obliger à graver la prise de Nancy, est debout, attentif à l'esquisse qu'il vient de dessiner avec sa pointe sur une tablette posée dans la main gauche. De l'ampleur sans exagération dans le costume, une tête puissante, un visage légèrement plébéien, mais idéalisé, tel est *Callot,* dont le modèle original, moins achevé que le bronze qui nous occupe, mais pourtant remarquable, avait occupé la critique il y a quelques années. Puisse la ville de Nancy ne plus tarder à dresser dans ses murs l'image française du célèbre graveur !

La statue du *R. P. Ducoudray,* ancien supérieur de l'école Sainte-Geneviève, est traitée dans un sentiment réaliste dont M. Becquet sait se défendre quand il le veut. Est-ce une gageure que l'artiste a voulu soutenir contre lui-même? Est-ce une concession regrettable faite aux sculpteurs d'Italie? Nous l'ignorons. Quoi qu'il en soit, l'otage, tombé sur le bras gauche, dont le mouvement a quelque chose d'excessif, ne rassure pas le regard. La figure manque de stabilité. Le personnage n'est pas en équilibre durable, et nul ne saurait dire, tant le marbre chancelle, de quel côté s'opérera la chute du blessé.

Il y a dans l'incertitude de la pose une première lacune. Mais le costume du religieux, avec ses plis lourds et sans goût, les détails de la chemise, que laisse voir la soutane entr'ouverte, les souliers aux semelles rapportées, la ceinture, les palmes jetées sur le sol, les pavés de la rue, symétriques, raboteux et salis à plaisir, enlèvent au marbre de M. Becquet toute tranquillité. Quelle étrange fantaisie a eue l'artiste! Si nous étudions les mains de sa statue, le visage douloureux, mais déjà transfiguré par la résignation chrétienne, nous nous prenons à regretter que M. Becquet n'ait pas modelé toute sa figure avec la délicatesse et le laconisme choisi qui distinguent le visage et les mains. D'un aspect terne et lugubre, le monument du P. Ducoudray eût dû revêtir le caractère rayonnant qui sied à l'image des martyrs.

III

M. Captier : la *Rosée*. — M. Delaplanche : la *Musique*. — M. de la Vingtrie : le *Charmeur*. — M. Maniglier : la *Fortune*. — M. Aimé Millet : *Cassandre*. — M. Granet : *Jeune Fille roumaine*. — M. Peinte : *Sarpédon*. — M. Bourgeois : *Mercure*. — M. Blanchard : *Hercule et Omphale*. — M. Lafrance : *Achille*. — M. Aizelin : *Pandore*. — M. Beylard : *Méléagre*. — M. Gustave Doré : la *Parque et l'Amour*.

C'est une œuvre traitée dans le style le plus pur et le plus élevé que l'image de la *Rosée,* par M. Captier. Une jeune fille aux formes indécises, au modelé délicat et fin, lève les deux bras dans un mouvement cadencé avec sobriété, et de ses doigts fuselés tombent les gouttes d'eau qui vont féconder les sillons. La flexion de la hanche, du côté droit, est d'un heureux effet; le visage, expressif, se distingue par le caractère vraiment idéal de ses traits.

Si la science pouvait suffire à faire proclamer sans lacune une œuvre d'art, nous serions plein d'indulgence pour la *Musique*, de M. Delaplanche; mais la science ne doit parler qu'à demi-voix dans un marbre sculpté; c'est à cette puissance impalpable, la beauté, qu'il appartient de vêtir toute figure modelée. Nous souhaiterions à M. Delaplanche plus de goût. L'accoutrement de sa jeune Muse serait indigne d'une pauvresse. Les oppositions entre le nu et la draperie choquent le regard et semblent inspirées de Pradier. La silhouette élégante et légère de sa statue, vue du côté droit, donne la mesure de ce que pourrait produire M. Delaplanche s'il savait se défendre contre les tendances sans élévation qui ont détruit, au précédent Salon, une part du mérite de sa *Vierge*, et qui atteignent cette année l'œuvre savante exposée par lui.

Le *Charmeur*, de M. de la Vingtrie, a perdu de sa grâce primitive à être traduit en bronze. Nous en dirons autant de la *Fortune*, de M. Maniglier. Un marbre transparent et lumineux était la seule matière qui pouvait convenir au symbolisme de ces deux œuvres.

Il y a sans doute des traces d'étude qui font honneur à l'artiste dans la *Cassandre* de M. Aimé Millet; mais puisque le sculpteur s'épargnait la peine de composer son travail en empruntant l'attitude de sa figure à la *Ménade en fureur* qui est au Louvre, ne pouvait-il en revanche gratifier la fille de Priam d'un peu plus de jeunesse? Ajoutons que certains sujets veulent être traités en bas-relief, et la *Cassandre* de M. Millet, faite pour être observée de profil, est une page qu'il ne fallait pas écrire en ronde bosse. La *Jeune Fille roumaine*, de M. Granet, n'a pas autant de liberté dans l'allure que la *Jeunesse*, de M. Chapu, dont elle éveille le souvenir; mais c'est une œuvre de style, et nous sommes en droit d'attendre de M. Granet quelque travail original et sévère.

M. Peinte méritait d'obtenir le prix du Salon pour sa statue de *Sarpédon*. La résolution, la fierté, l'aisance sont gravées par une main sobre sur le torse et les membres du roi de Lycie. La fable a heureusement inspiré M. Bourgeois, dont le *Mercure*, en marbre, bien posé, sévèrement sculpté, présente de grandes lignes sous tous ses aspects.

Un sculpteur que nous pourrions nommer se proposait, alors qu'il n'avait que vingt ans, de modeler un Hercule aux pieds d'Omphale. Il s'ouvrit à son maître de son projet. « La sculpture, lui dit le maître, a toujours quelque chose de monumental. On ne doit pas prêter l'éternité du marbre à une pensée puérile ou abaissée. » Ce maître avait raison. Pourquoi M. Blanchard n'a-t-il pas rencontré sur son chemin cet homme de sage conseil ? Il n'eût pas livré au public son groupe laborieux d'*Hercule et Omphale*, sur lequel le regard cherche vainement quelque ligne de beauté.

Achille, par M. Lafrance, est un marbre puissant auquel il manque peu de chose pour être réputé sans défaut. La silhouette générale eût gagné à la disparition de l'instrument posé sur la hanche du personnage, et qui empêche l'élan de la figure du guerrier. La tête, grecque par le style, est moderne par l'expression. Une audace pleine de dignité, comme il convient au fils de Pélée, respire sur son front. M. Lafrance s'est souvenu que Phœnix avait enseigné l'éloquence au héros grec, et il lui a fait un visage où habite la pensée. La statue de *Pandore*, par M. Aizelin, n'est pas sans rapports, quant au mouvement de la tête et des bras, avec la célèbre *Psyché* du sculpteur anglais Westmacott, mais le marbre de M. Aizelin renferme des qualités intéressantes, dont l'honneur appartient en propre à l'artiste français.

Laissons le *Méléagre* de M. Beylard, qui voudra s'y reprendre, et faisons halte devant la *Parque et l'Amour*, de M. Gustave Doré. La sculpture est-elle bien la sphère qui convienne au talent prime-sautier de l'aimable dessinateur? Nous oserions en douter. La matière tangible et sans transparence se modèle d'après une gamme que le dessinateur et le peintre ne connaissent guère. Sans doute, s'il se fût servi de son crayon, M. Doré eût atténué le relief des ailes de l'Amour, qui empêchent d'embrasser la silhouette de la Parque; il eût noyé dans la pénombre le sablier, les flèches, le carquois, la draperie qui embarrassent le socle de son groupe et bruissent sous le regard. Homme de facile talent et d'un tempérament exubérant, M. Gustave Doré n'atteindra pas sans effort au laconisme élevé qu'exige l'art plastique.

IV

M. Chapu : *Berryer.* — M. Decorchemont : *un Jeune Martyr.* — M. Guibé : *Moïse.* — M. Jusserand : *Satan.* — M. Injalbert : la *Tentation.* — M. Fabisch : *Samson.* — M. Garnier : *Abel.* — M. Desenfans : *Hérodiade.* — M. Montagny : l'*Espérance.* — M. Pauffard : la *Visitation.* — M. Le Père : l'*Enfant-Dieu montrant aux hommes le symbole de la souffrance.* — M. Tournoux : *Christ à la colonne.* — M. de Saint-Angel : *Agônie de N. S. Jésus-Christ au jardin des Oliviers.* — M. Alfred Lenoir : *Christ au tombeau.*

« On élève aux hommes illustres des monuments, disait l'évêque d'Orléans le 7 décembre 1868, en face du cercueil de Berryer. Je ne sais s'il sera possible d'en élever à notre ami un qui soit digne de lui. » Si Mgr l'évêque d'Orléans a pu voir le marbre de grand style que M. Chapu vient d'achever, nous ne doutons pas qu'il se soit avoué satisfait, car à cette image il convient d'appliquer les paroles du prélat lorsqu'il disait du roi de la tribune, son ami : « En voyant cette belle tête, cette majesté souriante, en demandant à leurs anciens quel était ce puissant orateur, les jeunes gens apprendront le culte de l'éloquence, du dévouement, de l'honneur et de l'intégrité. »

Tel est, en effet, Berryer, debout dans sa robe d'avocat, une main sur le cœur, la poitrine découverte, la tête haute et portée en arrière. Il y a dans cette pose je ne sais quoi d'ouvert, de droit et de convaincu. La pensée ne vient pas à l'esprit que l'honnête homme dans une telle attitude cède à quelque passion personnelle, non. C'est ainsi que parle la vérité, sans adresse comme sans restriction. Or, puisque l'artiste a eu le secret de résumer dans un seul marbre le double symbolisme d'une grande existence, les deux hommes qui se confondaient en Berryer, — l'orateur politique se trouvant suffisamment indiqué par le costume sobre du représentant que laisse voir la robe entr'ouverte sur le côté gauche, — c'est bien l'athlète que nous avons applaudi qui se dresse devant nous. Il semble que l'invective va jaillir de ses lèvres. Berryer dut paraître à ses pairs avec cette prestance magnifique le 3 mai 1845 lorsque, dans un débat mémorable, on l'entendait s'écrier :

« La Chambre ignore peut-être que les quinze premières années de ma vie ont été passées bien loin des regards de mes concitoyens ; enfermé dans les travaux de ma profession indépendante, j'ai eu rarement l'occasion de me mêler des affaires de mon pays et d'exprimer sur ses intérêts et ses droits mes opinions personnelles. Mais enfin, je l'ai eue quelquefois, et j'ai cette satisfaction de déclarer que depuis trente ans, dans toutes les questions de politique, de religion, de liberté, parlant à voix haute, il ne m'est point arrivé un jour, depuis le pied de l'échafaud auquel j'ai voulu ravir des victimes, jusqu'au tribunal qui juge dans le for de sa conscience, jusqu'à cette tribune où nous allons délibérer, il ne m'est pas arrivé un jour de dire autre chose que ce que je vais dire devant vous, que ce que je vais vous exprimer avec franchise. »

Le marbre de M. Chapu a cette rare fortune de ne pas rester inférieur à l'idée que fait naître le souvenir de cet homme étrange, en qui se résumèrent pour nous l'éloquence politique et l'éloquence du barreau. Une part du succès de l'œuvre modelée revient, il faut le dire, à l'habileté du sculpteur qui a su dégager le bras droit et le côté gauche, depuis la poitrine jusqu'au pied. L'artiste a représenté son modèle dans une attitude calme et fière, avec un geste qui est à lui seul la traduction plastique du *pectus est quod disertos facit* des anciens. De grandes lignes se retrouvent sur tous les points de ce marbre savant. De quelque côté qu'on l'observe, il est de noble aspect. La tête énergique aux joues onduleuses, à la lèvre abondante, au front veiné, porte un caractère d'autorité dont l'accent est également gravé dans le regard. Il y aura toutefois parmi les premiers témoins de la statue de M. Chapu, les amis personnels ou les admirateurs de Berryer qui contrediront peut-être aux proportions de la tête. Alors même que Berryer se taisait, on ne cessait de voir sur ses traits l'éclair percer le nuage, et le front de Démosthènes faisait oublier le reste de sa personne; mais ce sont là des effets d'optique auxquels ne saurait condescendre l'art du statuaire. La statue de Berryer fait naître l'idée de noblesse, de franchise, de puissance, d'autorité; le foyer de ces facultés éminentes, c'est l'orateur lui-même qui l'a dit, est au cœur; le marbre de l'artiste est vraiment doué d'éloquence, puisqu'il nous révèle toutes ces choses. Le *Berryer* de M. Chapu est à placer au nombre des rares chefs-d'œuvre que compte la sculpture historique moderne.

Nous n'admettons pas que la sculpture soit dépourvue de pensée; et la pensée dans un marbre doit toujours être juste et raisonnée. M. Decorchemont, l'auteur d'*un*

Jeune Martyr, ne nous paraît pas être pénétré de cette loi morale qui domine tout principe esthétique. Le corps du martyr présente des lignes tourmentées, et la pose d'anéantissement que l'artiste a faite à son modèle l'a conduit à sacrifier la tête! Une épaule anguleuse, un bras roidi, une poitrine qui surplombe, ne donnent point l'indice d'une mort victorieuse et consentie. On ne peut voir dans cette œuvre que l'image d'un vulgaire cadavre, et c'est bien peu.

Le *Moïse* de M. Guibé serait peut-être supportable en peinture, mais, en vérité, cet amas de draperies sans air comme sans caractère ne suffit point à personnifier le grand législateur. M. Guibé s'est persuadé peut-être qu'il n'avait qu'à modeler une barbe exubérante pour faire naître l'idée de puissance; que n'a-t-il consulté le *Moïse* de Michel-Ange? il aurait appris à l'école du vieux maître que les parties mobiles du visage offrent à l'artiste des ressources dont il doit user s'il tient réellement à signer une œuvre vigoureuse. La barbe n'est qu'un accessoire de la tête humaine.

Le *Satan* de M. Jusserand est doué d'un visage expressif. Les « yeux funestes » que prête Milton au prince des ténèbres ont été convenablement rendus par l'artiste. La honte, la colère et le ressentiment plein de fiel sont écrits sur la face de Satan. Que M. Jusserand reprenne cet ouvrage au modelé délicat, qu'il fasse disparaître certains accents de maigreur qui déparent sur plus d'un point les formes de son personnage; qu'il corrige la pose légèrement convenue, et sa composition, revêtant une allure grandiose et dominatrice, sera certainement remarquée.

Nous voudrions que la *Tentation* de M. Injalbert révélât

chez le jeune pensionnaire de l'Académie de France une plus grande recherche de style. Le bas-relief que nous voyons figurer au Salon nous était connu depuis les envois de Rome en 1876. Nous constatons que l'auteur n'a rien ajouté à son œuvre primitive, et cependant des conseils désintéressés l'ont prévenu sur les défectuosités de son travail. Une certaine souplesse est écrite dans les formes ramassées de ses personnages, mais aucun d'eux ne présente de grandes lignes, aucun ne se meut librement sur le fond de ce haut relief pour lequel le sculpteur semble avoir manqué de glaise. Des trois acteurs du drame, le serpent, Ève et le premier homme, aucun n'est dans une attitude noble et dégagée. Il y a je ne sais quoi de rampant dans l'ensemble. Ève a la pose, le geste et le regard perfides. M. Injalbert fera sagement de s'y reprendre et de ne point ambitionner trop tôt les applaudissements du public distrait ou de la critique complaisante. Cet artiste n'est pas dépourvu de talent; son ébauchoir atteste l'étude patiente de l'élève, mais il lui reste à se familiariser avec la pensée mère d'un sujet et à conquérir le goût et la distinction qui seuls font les maîtres en sculpture.

Le geste dans l'art plastique est toujours décisif. M. Fabisch a eu le tort d'oublier ce principe en modelant l'image de *Samson* assis, le coude droit posé sur le genou gauche, la main dans la chevelure. Si l'intention de l'artiste était de traduire, comme l'indique le livret, l'invocation suprême de Samson : « Seigneur Dieu, souviens-toi de moi, et rends-moi maintenant mon ancienne force », nous regrettons de dire à M. Fabisch que sa statue, d'ailleurs bien modelée, n'éveille dans l'esprit aucune idée de lutte ou de regret. Il a représenté le douzième juge d'Israël dans une attitude de mollesse et de désœuvrement.

Une ligne heureusement trouvée ne sauve pas absolument la figure d'*Abel,* de M. Garnier. Le visage du jeune mort est invisible : c'est tout dire.

M. Desenfans, qui a pris la peine de poser *Hérodiade* sur un lit de repos ayant auprès d'elle la tête de saint Jean-Baptiste qu'elle contemple à son aise, n'a pas songé que le drame singulier qu'il inventait devait se jouer tout entier sur les traits de la jeune fille. Apparemment Hérodiade n'est pas en scène, car l'expression de ses traits est à chercher.

Nous ne trouvons que des éloges à adresser à M. Montagny sur l'idéalité de sa statue de l'*Espérance.* Pourquoi faut-il que les accessoires de cette figure viennent contredire la suavité du regard? C'est une scène reposée que la *Visitation,* par M. Pauffard. Il y a du style dans cette page sérieuse que nous souhaitons de voir traduite en marbre.

Voici maintenant les étapes de la vie du Christ marquées par quelques ouvrages plastiques de valeur inégale. M. Le Père expose l'*Enfant-Dieu montrant aux hommes les symboles de la souffrance.* Une expression de douleur anticipée se laisse lire sur les traits du Sauveur, dont le dénûment est marqué par la nudité du cou et la sévérité des draperies sur le côté droit. Nous trouvons dans les plis du vêtement de l'autre côté moins de science et de style, mais l'œuvre de M. Le Père n'en demeure pas moins très-remarquable et très-philosophique. L'art religieux ainsi traité porte l'âme vers les sphères élevées et invite à la prière. Le marbre limpide, transparent, de l'*Enfant-Dieu* est digne de prendre place dans un temple chrétien.

Le *Christ à la colonne* de M. Tournoux est empreint de mansuétude, mais le corps réclamerait plus de vigueur pour être sans reproche. Nous devinons la pensée du statuaire, qui a voulu que l'idée fût non-seulement lisible sur le visage, mais encore sur toutes les saillies de l'argile; aussi, devant l'effort louable de l'artiste, nous bornons-nous à lui signaler l'excès dans lequel il est involontairement tombé. M. Tournoux a le sens juste de la dignité qu'exige la sculpture religieuse.

M. de Saint-Angel expose un groupe auquel il a donné pour titre *Agonie de N. S. Jésus-Christ au jardin des Oliviers*. On ne peut qu'être surpris de voir figurer une pareille chose au Salon.

En revanche, nous ne connaissons rien de plus achevé parmi les sujets religieux que le *Christ au tombeau* de M. Alfred Lenoir. C'est un bas-relief en marbre traité dans le style méplat des maîtres de l'antiquité. Le Christ est déposé sur la pierre du sépulcre. Le linceul qui l'enveloppait s'est déplacé et laisse voir à nu le côté droit. Les plis du linceul ont une ampleur et une gravité silencieuses. On sent que le corps du Sauveur a été enseveli avec respect. Le bras droit rampe sur le marbre du tombeau; la main gauche est posée sur la poitrine. Les jambes sont étendues sans roideur, sans contraction. La mort a triomphé sans doute de l'enveloppe humaine de Jésus-Christ, mais on dirait que, s'étant trouvée subitement en présence d'une force supérieure, elle n'a pu qu'effleurer un corps dont la forme ne devait point être altérée. Le galbe des bras et des jambes, la finesse des attaches, la souplesse des muscles autour des malléoles, le modelé plein de distinction de la poitrine, disent nettement à l'esprit que le Sauveur n'a pas été totalement dompté par la mort. La tête de Jésus, vue de profil, est rayonnante de douceur et de majesté. Les lèvres sont entr'ouvertes ; il semble qu'un dernier souffle s'échappe de cette bouche, qui naguère ne faisait entendre que des paroles d'espérance et de pardon.

Tel qu'il est posé sur la pierre horizontale du sépulcre, le corps du Sauveur présentait au statuaire de réelles difficultés au point de vue de l'exécution. M. Lenoir a su triompher des obstacles qui se dressaient devant lui. La tête devait dominer, et elle domine en effet. Cependant la poitrine est plus élevée que le front, et la main gauche ajoute encore à l'élévation de la ligne médiane du bas-relief. N'importe, si une œuvre d'art devait être étudiée au compas, nous pourrions dire que la tête du Christ n'est pas la partie saillante du travail de M. Lenoir; mais, observée avec sincérité et avec quelque notion du style dont le statuaire peut user dans la composition de ses grandes œuvres, nous n'hésitons pas à dire que c'est bien la tête de Jésus-Christ qui intéresse, qui séduit le regard dans l'ouvrage que nous analysons. Comment l'artiste s'est-il rendu maître de l'attitude qui s'imposait à lui? En résumant sur le front, dans la chevelure, les yeux et les lèvres du Christ, les lignes de beauté qu'il avait, pour ainsi dire, dispersées à plaisir et d'une main savante sur chaque point d'un corps idéal et divin.

V

M. Moulin : *Gallia nostra.* — Feu Jean-Baptiste Cabet : *Mil huit cent soixante et onze.* — M. Gruyère : *Psyché.* — M. Amy : le *Remords.* — M. Moreau-Vauthier : *Néréide.* — M. Mercié : *Junon vaincue.* — M. Jean Valette : *Frileuse.* — M. Cirasse : *Psyché.* — M. Nast : le *Messager d'amour.* — M. Devaulx : la *Fiancée.* — M. Gravillon : *Naufragée.* — M. Osbach : l'*Amour et la Jeunesse.* — M. Chéret : le *Droit du plus fort.* — M. Schœnewerck : *Mime dompteur.* — M. Hoursolle : *Cet âge est sans pitié.* — M. Raffegeaud : *Jeune Baigneur.* — M. Félix Richard : *Baigneuse.* — M. Bogino fils : *Clio.* — M. Varnier : *Nycéa.* — M. Mabille : *Icare essayant ses ailes.* — M. Idrac : l'*Amour piqué.* — M. Lasalle : *Joyeux Baiser.* — M. Damé : *Fugit amor.* — M. Loison : *Canéphore offrant des fruits.* — M. Pilet : *Première Étude de flûte.* — M. Mercié : le *Génie des Arts.*

Non, ce n'est point là notre France, et M. Moulin s'est trompé lorsqu'il a décoré du titre de *Gallia nostra* une femme sans caractère, assise dans un large fauteuil. Mieux inspiré, feu Jean-Baptiste Cabet a taillé dans le marbre l'image allégorique de *Mil huit cent soixante et onze.* L'humiliation, la honte, une douleur maternelle, se lisent sur les traits de cette jeune femme repliée sur elle-même, le front baissé, l'œil hésitant et voilé. Le désordre des draperies raconte la soudaineté du désastre qui a fait pleurer cette mère. Peut-être pourrions-nous souhaiter plus de sobriété dans les plis du vêtement, mais Cabet laisse en mourant une œuvre de valeur dont la sévère beauté, ainsi que le caractère patriotique, le défendra contre l'oubli.

Une statue de *Psyché,* en marbre, par M. Gruyère, est bien composée. Le *Remords,* par M. Amy, également en marbre, est une œuvre puissante; mais l'artiste, en la sculptant, semble avoir été préoccupé de montrer avant tout qu'il avait longuement étudié les dessous de chair. La myologie doit être familière sans doute au sculpteur; toutefois les muscles demandent à être indiqués plutôt que traduits avec l'ébauchoir. Le *Remords* autorisait M. Amy à chercher dans une pose tourmentée l'expression du désordre qui agite l'âme coupable; aussi nous ne relèverons pas ce que peut avoir de bruyant et de heurté dans la pose sa statue si vigoureusement traitée.

La *Néréide* de M. Moreau-Vauthier est une figure jeune, svelte, remplie de souplesse et d'exquise convenance. Assise sur une coquille, la tête légèrement tournée vers la droite, la nymphe des mers semble prêter l'oreille au bruit des grandes vagues. La sécurité de son regard apprend au spectateur que la déesse n'a pas déserté son empire. Les flots dociles la portent sans secousse, et le marbre éclatant dont s'est servi l'artiste n'a pas moins de blancheur que l'écume marine. La *Néréide* de M. Moreau-Vauthier compte parmi les belles œuvres de la sculpture allégorique.

Faisons halte devant la *Junon vaincue,* de M. Mercié.

Debout, le corps légèrement porté en arrière, Junon fait un geste du bras gauche qui témoigne tout ensemble de sa colère et de sa honte. Les dieux étaient présents aux noces de Thétis et de Pélée, lorsque Junon, dans un accès de jalousie, osa disputer la palme de la beauté à Vénus et à Minerve. Pâris, appelé à se prononcer entre les trois déesses, donna la victoire à l'une des rivales de l'impérieuse Junon. Aussitôt le ressentiment de l'épouse de Jupiter se trahit dans l'attitude générale, dans le froncement du sourcil, dans la pose du bras. Le voile de Junon tombe avec grâce derrière elle, son diadème est sur son front, son sceptre dans sa main droite, le paon qui lui sert d'attribut est à ses pieds. C'est ainsi que M. Mercié n'a rien omis des accessoires qui pouvaient compléter le symbolisme de sa figure.

Le talent de M. Mercié, lorsqu'il veut modeler un jeune corps dans sa grâce et dans sa puissance, est réel, mais il frappe d'autant plus au Salon que l'on peut apercevoir les œuvres de MM. Jean Valette, Cirasse, Nast, Devaulx, Chavillon et Osbach, dont la *Frileuse*, *Psyché*, le *Messager d'amour*, la *Fiancée*, *Naufragée*, l'*Amour et la Jeunesse*, témoignent d'un singulier souci de torturer des membres, sans aucun scrupule d'esthétique.

Passons devant la fontaine de M. Chéret, dont le point culminant est la queue d'un dauphin,—*desinit in piscem*. Le *Mime dompteur* de M. Schœnewerck n'a rien qui attire. Nous voulons bien voir dans cette œuvre un pari que l'auteur a peut-être gagné, mais un tel étalage de muscles, plus voulu que pensé, nous laisse froid. Que M. Schœnewerck ne l'oublie pas, c'est l'intelligence plus que la main qui fait l'artiste.

Le marbre de M. Hoursolle, *Cet âge est sans pitié*, renferme d'heureuses qualités que ne laissait pas soupçonner le modèle de cet ouvrage exposé au précédent Salon.

Nous ne savons rien de plus vulgaire que des baigneurs en sculpture. L'artiste qui consent à modeler pendant de longs mois, dans le dénûment de toute pensée, une figure de baigneuse, est fatalement condamné. Il se peut que des lignes bien équilibrées se retrouvent sur son marbre, mais la ligne, encore un coup, n'est que la calligraphie de l'art plastique. Une page brillamment écrite dont le texte serait nul, ne captiverait ni le regard ni l'esprit. Certains sculpteurs ne se doutent pas que la forme doit toujours être le vêtement de l'idée. Ne nous lassons pas de le redire, peut-être mettrons-nous en garde quelque jeune maître du lendemain contre les tendances d'une école qui a compté des adeptes sérieux au début de ce siècle, mais dont il n'est que temps de faire justice.

La peinture, moins limitée dans ses moyens d'action que l'art du statuaire, peut trouver dans la représentation d'une nymphée des effets de lumière, de coloris, dont l'ensemble produise une réelle émotion. L'âme n'habitera pas dans l'image de quelques baigneuses, soit ; mais en revanche le paysage, les eaux lumineuses et limpides, les chauds rayons du soleil qui pénètrent à travers la clairière, permettront à la toile du peintre de remuer l'intelligence du spectateur. De même que le poëte ancien recueillait les « larmes des choses, *lacrymæ rerum* », il nous est facile de goûter la grâce, la poésie, le rayonnement joyeux de la nature, mais c'est au peintre — et seulement à lui — qu'il est permis d'en écrire la gamme avec précision.

Le sculpteur, qui toujours s'adresse à l'homme lorsqu'il s'apprête à modeler, n'a pas la précieuse ressource de vêtir son œuvre de tout ce qui étonne et ravit dans les spectacles de la nature. Toutefois, pour être plus réduite en apparence, la sphère dans laquelle se meut le statuaire est peut-être plus fertile que celle où le peintre déploie son activité. C'est à l'esprit, c'est à la pensée, aux aspirations sans limites de son modèle que le sculpteur doit viser. Et qui oserait comparer l'agitation de la nature physique aux mouvements d'un cœur d'homme? Tandis que l'Océan lui-même rencontre ses limites et s'épuise dans ses jours de colère contre le sable de ses bords, le dévouement, la sainteté, le génie, plus grands que toute chose créée, étonnés de leurs propres forces, peuvent s'élever jusqu'à Dieu.

Or, c'est dans la représentation idéale et magique des hautes passions de l'être humain que le statuaire doit user sa vie. MM. Raffegeaud et Félix Richard comprendront que le *Jeune Baigneur* et la *Baigneuse* dont ils sont les auteurs n'aient pour nous aucun intérêt.

Il y a de la franchise et beaucoup de jeunesse dans la statue de *Clio*, par M. Bogino fils. De l'image de *Nycéa*, par M. Varnier, c'est la tête qui est la partie la plus achevée. Le mouvement de la statue d'*Icare essayant ses ailes*, par M. Mabille, est à l'abri de la critique. L'élan, l'audace, la fierté, sont gravés sur cette figure d'éphèbe, dont la silhouette n'est pas moins élégante que bien pondérée.

M. Idrac, encore pensionnaire de l'Académie de France à Rome, expose l'*Amour piqué*. De la vie, une certaine morbidesse caractérisent cet ouvrage; espérons que M. Idrac ne s'en tiendra pas à nous faire juge de l'habileté de sa main. Voici, dans le même ordre de pensées, le *Joyeux Baiser*, par M. Lassalle, un groupe en marbre dont toutes les lignes semblent rompues à plaisir. *Fugit amor*, de M. Damé, est un sujet pittoresque auquel il faudrait la fluidité de la couleur. Mais nous rentrons dans l'antiquité sur les pas de M. Loison, l'auteur d'une *Cané-*

phore offrant des fruits. Peu de figures au Salon sont modelées avec autant de goût que l'image de cette jeune vierge aux formes distinguées et de proportions exquises. Les bras, d'un galbe parfait, sont dans un juste équilibre. Les jambes sont délicates et nerveuses. Nous souhaitons de voir traduite en marbre la statue de M. Loison, qui n'aura qu'à diminuer quelque peu la corbeille que porte la prêtresse athénienne pour que son œuvre soit vraiment sans reproche.

Il y a lieu d'adresser de sérieux éloges à M. Pilet pour le bronze qu'il intitule *Première Étude de flûte.* L'éphèbe qu'il a pris pour modèle est élégant de proportions ; l'épiderme de la poitrine et des hanches est plein de souplesse ; l'expression du visage est réfléchie, la pose silencieuse. Le jeune flûtiste porte tous les signes de l'étude.

Le *Génie des Arts!* Il semble qu'un pareil sujet convenait surtout à M. Mercié, l'auteur du *Gloria victis.* Le haut relief que vient d'exécuter cet artiste pour le grand guichet du Louvre, du côté de la Seine, n'est pas dépourvu de qualités, mais nous ne trouvons guère à louer sincèrement que certaines parties de la composition, telles que le corps de Pégase, le torse et les bras du Génie. Dans l'ensemble, cette page vigoureuse nous paraît défectueuse au point de vue de la pensée. L'action n'est pas une et elle ne saisit pas. Le Génie, posé sur le cheval ailé qui fit jaillir de l'Hélicon la fontaine Hippocrène, entoure du bras droit le cou de l'animal ; mais le dieu de la poésie n'est pas dans une attitude stable. Certains critiques ont pensé que le cheval qui se cabre devait marquer un point d'arrêt dans la course aérienne du Génie qui se dispose à mettre pied à terre. Cette hypothèse ne nous paraît pas admissible, dès lors que le Génie indique le ciel avec la main gauche et n'a pas dégagé le bras droit de l'étreinte qui l'attache à Pégase. Nous supposons plus volontiers que le Génie des Arts arrête un instant sa monture pour se révéler aux hommes, et le geste plein d'ampleur du bras gauche nous semble un appel vers l'inspiration, qu'il faut chercher sur les sommets. C'est l'*Excelsior* de Longfellow traduit avec l'ébauchoir.

Mais si telle a été la pensée de M. Mercié, que n'a-t-il rassuré le regard en posant avec plus d'aisance et de dignité la figure du Génie sur son cheval? Ce n'est pas tout; en avant de Pégase est une Victoire qui semble diriger l'animal et son cavalier. Ce personnage, traité dans le style méplat, alors que le reste de la composition est un haut relief des plus saillants, enlève au travail du sculpteur toute pondération. Il détruit l'unité. Les draperies de la Victoire sont fouillées sans retenue. De plus, la jeune déesse, dont les jambes s'embarrassent dans celles du cheval, n'est point à sa place où l'artiste l'a voulu mettre. Il fallait à la Victoire une place d'honneur; si M. Mercié trouvait juste de poser dans les airs l'insaisissable divinité, c'est au plus haut de sa composition qu'elle devait planer comme un symbole de triomphe. M. Mercié n'a su faire de la Victoire qu'une sorte d'amazone. Il lui a donné les traits et la coiffure d'une de nos contemporaines, de même qu'il a privé la tête de son Génie du caractère de grandeur et d'austérité que réclamait un pareil sujet. Pourquoi cela? Parce que M. Mercié, si bien doué sous le rapport du procédé, ne s'impose pas le devoir de travailler sérieusement une page de bronze à la clarté de l'idée. Et cependant, l'heureux auteur de *Gloria victis* n'ignore pas que la forme, en sculpture, n'est que le vêtement ; c'est la pensée qui est l'âme.

VI

M. Dupuis : la *Vierge et l'Enfant Jésus.* — M. Bourgeois : *Vierge.* — M. Jouffroy : *Saint Bernard.* — M. Montagny : *Saint François d'Assise.* — M. Becquet : *Ismaël.* — M. Eude : *Retour de chasse.* — M. Laforesterie : le *Premier Trophée.* — M. Corbel : la *Colombe et la Fourmi.* — M. Soldi : *Actéon.* — M. Marquet de Vasselot : *Fillette.* — M. de Groot : la *Source.* — M. Chatrousse : une *Jeune Contemporaine.* — M. Daumas : *Après la guerre.* — M. Ludovic Durand : *Libre.* — M. Barzaghi : la *Mosca-Cieca.* — M. Saul : la *Vendange.* — M. Tréhard : *Eve.* — M. Cougny : une *Épave.* — M. Gomy : la *Prière d'Ismaël.* — M. Guilbert : *Caïn.* — M. Laoust : *Saint Jean faisant sa croix.* — M. Denécheau : *Phœbé.* — M. Marqueste : *Velléda.* — M. Hercule : *Daphnis.* — Feu Jean-Joseph Perraud : les *Adieux.* — M. Gautherin : *Clotilde de Surville.* — M. Chapu : la *Pensée.*

M. Jean-Baptiste Dupuis a débuté cette année avec un véritable succès. Il se peut que bon nombre de nos lecteurs n'aient pas remarqué l'œuvre apaisée du jeune artiste, la *Vierge et l'Enfant Jésus,* un bas-relief qu'on supposerait modelé par quelque maître gothique. Le jury chargé des acquisitions s'est montré juste appréciateur de cette page religieuse, que l'État possède aujourd'hui. La Vierge, sévèrement drapée, tient dans ses bras l'Enfant-Dieu, vers lequel elle se penche avec une tendresse respectueuse. Il semble que la Mère du Sauveur s'apprête à déposer son Fils dans la crèche. Et la forme et l'expression concourent à élever ce drame maternel au-dessus des scènes familières dont nous sommes à chaque heure les témoins. Un souffle de foi, de majesté suave, de mansuétude et d'amour, enveloppe l'argile sur laquelle l'artiste a fixé la douce vision de son esprit. Nous espérons bien que ce bon travail recevra les honneurs du marbre. Mais que M. Dupuis y prenne garde. Prix de Rome en 1872 pour la gravure en médailles, il est à peine de retour d'Italie qu'il expose la même année dans quatre genres. Ni ses toiles ni son dessin d'après Raphaël ne peuvent être mis en regard de ses médailles et de son bas-relief. Nous regretterions de voir un jeune artiste disperser sans retenue les dons précieux qu'il a reçus.

La *Vierge* de M. Bourgeois ne le cède pas au modèle que nous avions analysé l'an passé. C'est le même sentiment, le même style : il n'aura manqué au marbre que des proportions plus grandes pour attirer les regards. Nous souhaiterions moins de calme à la statue de *Saint Bernard* par M. Jouffroy, mais la lumière tranquille de l'église Sainte-Geneviève sera plus favorable que le plein soleil à cette figure de moine. Saint Bernard est à Vezelay; il fait un geste d'appel de la main droite; dans l'autre est le crucifix. La tête et les mains sont à l'abri de toute critique. Le *Saint François d'Assise*, de M. Montagny, mérite d'être mentionné pour son caractère ascétique. La robe sans ampleur n'a pas empêché l'artiste de donner à sa statue l'aspect de grandeur et de dignité sans lequel l'œuvre modelée n'atteint pas jusqu'au style.

M. Becquet est l'auteur d'une élégante figure d'*Ismaël*. Nu et couché sur le sable du désert, le fils d'Agar est endormi. Le bras droit, relevé sur la tête, présente une ligne pleine de souplesse qui se profile sur la poitrine et les jambes. Le corps tout entier du jeune homme est habilement pondéré. Le grain de la peau semble frissonner; on croit saisir la respiration de l'éphèbe. Que M. Becquet ne sacrifie plus à l'avenir la position de la tête dans ses figures couchées; qu'il compose sa statue de telle sorte que ce ne soit plus le genou qui domine, mais le front, et s'il sait caresser un second marbre avec le goût délicat qui l'a guidé dans le travail de l'*Ismaël,* il aura conquis sa place parmi nos meilleurs artistes.

Nous ne contesterons pas à M. Eude l'honneur d'avoir bien gagné la première médaille que le jury a décernée à son marbre de choix, *Retour de chasse.* Certes, c'est un chasseur adroit que l'artiste a pris pour modèle, car il plie sous le faix; observez ses jambes fines et nerveuses; est-ce qu'elles ne portent pas l'indice de l'agilité, de l'ardeur? Le torse, penché dans un mouvement, excessif peut-être, reçoit de son attitude une coloration vigoureuse; il y a comme des taches de hâle sur le marbre de ce jeune corps, dépouillé de ses vêtements, et qui a connu le poids du jour pendant qu'il battait les clairières.

M. Laforesterie, l'auteur du *Premier Trophée*, a donné à son modèle une pose légèrement cherchée.

Sans les deux vers de la Fontaine :

> La fourmi le pique au talon,
> Le vilain retourne la tête...,

que M. Corbel a bien fait d'inscrire au livret, on ne devinerait jamais que cet artiste a voulu traduire à la pointe de l'ébauchoir la fable de la *Colombe et la Fourmi.* « Défiez-vous d'un sujet qui exige un commentaire », disait le peintre Guérin. Le mot sera toujours vrai. Une statue, comme une toile, doit frapper l'esprit en même temps que le regard. M. Soldi n'a point oublié ce principe, et son bas-relief d'*Actéon* nous représente un jeune homme que sa curiosité vient de perdre. Il est dans sa grâce vive et légère ; mais Diane, qu'il épiait, l'a maudit, et déjà le bois vengeur jaillit de son front.

La pose de la *Fillette*, de M. Marquet de Vasselot, enlève à ce marbre travaillé par un ciseau soigneux le sentiment de candeur naïve que les traits du visage eussent aidé à répandre sur l'ensemble.

Les marbres défilent sans nombre devant nous, et nous aurions mauvaise grâce à le regretter : c'est au marbre qu'on juge le statuaire. Signalons la *Source*, de M. de Groot, où l'on voudrait plus de liberté dans l'allure. Voici une *Jeune Contemporaine*, par M. Chatrousse, œuvre consciencieuse sans nul doute, mais dont le sujet ne méritait point les pures transparences du carrare. *Après la guerre*, tel est le titre d'une œuvre allégorique de M. Daumas. Un soldat vaincu, l'épée en terre, ploie sous la défaite sans l'accepter, et chaque muscle de son corps frémissant laisse deviner quelle séve généreuse le pousse à espérer la revanche.

Que ne s'est-il dressé dans sa forte stature, ce prisonnier dont on a rompu les chaînes, et que M. Ludovic Durand, son auteur, proclame *Libre?* La myologie de ce corps aux proportions colossales est savamment étudiée ; le marbre est traité avec largeur ; mais il y a trop de mélancolie, de tranquillité, d'insouciance chez cet homme qui vient de reconquérir le premier des biens.

Les sculpteurs italiens, au ciseau patient, ont eu le bon goût de ne pas multiplier leurs envois au Salon. La

Mosca-Cieca, de M. Barzaghi; la *Vendange*, de M. Saul, ne sont pas des œuvres inférieures sous le rapport du procédé aux marbres qui maintes fois nous sont venus de Rome ou de Florence. Toutefois, nous leur préférons sans peine une statuette de M. Tréhard, *Ève*, qui dans un mouvement de honte essaye de cacher son visage à l'aide de son bras qu'elle a levé. De dimensions réduites, ce travail a du caractère, et quelqu'un de moins habile que M. Tréhard eût mis en péril les lignes du visage, étant donné la pose adoptée par l'artiste pour sa statue.

Une *Épave*, par M. Cougny, est l'image d'un jeune homme nu et assis au bord de la mer, tenant un crucifix dans sa main. Beaucoup de charme caractérise le modelé de ce corps de quinze ans; l'expression du visage marque le recueillement et la surprise; mais le sujet abordé par M. Cougny manque de profondeur et de netteté. Pourquoi cette épave découverte par le jeune pêcheur, si l'éphèbe n'avait besoin que d'un prétexte pour céder à la rêverie?

Nous devons encourager M. Gomy, l'auteur de la *Prière d'Ismaël*. Le sentiment de cette figure est juste et poétique : que l'artiste essaye d'atteindre à plus de virilité sans viser à l'effet, et son nom sera promptement remarqué. Le *Caïn* de M. Guilbert est beau de farouche poésie. Il y a de la science, du goût, une énergie concentrée dans l'image grandiose du premier meurtrier.

M. Laoust a bien rendu la grâce enfantine de *Saint Jean faisant sa croix*. Le marbre, par sa limpidité, ajoute au mouvement de cette figure, dont nous avions loué l'an dernier les qualités sérieuses.

Saluons en passant la statue de *Phœbé,* par M. Denécheau. Si cette figure, d'ailleurs finement modelée, eût été composée en bas-relief et non en ronde bosse, elle mériterait plus d'un éloge. *Velléda,* par M. Marqueste, est une œuvre bruyante où manque la concision. La figure de la druidesse, élégante et robuste, eût gagné au silence du marbre qui l'entoure. Un souffle de jeunesse court sur la statue de *Daphnis,* par M. Hercule. En retour, des traces de sénilité sont trop apparentes sur le bas-relief des *Adieux,* de Perraud. Longtemps entrevue avec l'œil de la pensée, cette œuvre, à peine modelée par l'artiste que nous avons perdu, semblait toute parfumée de grâce attique. Mais c'est en vain que le vieux maître a voulu demander au marbre ce qui l'avait charmé si longtemps ; son rêve s'était évanoui.

La statue de *Clotilde de Surville,* par M. Gautherin, manque de ce parfum qui doit toujours envelopper une image de poëte. L'œil a peine à reconnaître dans cette femme au costume misérable la descendante des Vallon-Chalys qui fut l'ornement de la cour de Gaston Phœbus, comte de Foix, et rivalisa par les grâces de son esprit avec l'aimable poëte Charles d'Orléans. Il semble que l'évocation de Clotilde commandait à l'artiste d'amollir sa glaise. En inscrivant sur le socle de sa statue le dystique presque célèbre :

O cher enfantelet, vray pourtraict de ton père,
Dors sur le seyn que ta bouche a pressé !

M. Gautherin se plaçait lui-même dans la nécessité de modeler l'argile avec une élégance tempérée par l'émotion. Le réalisme de la poitrine, la nudité de l'enfant, l'accent de rudesse et de pauvreté dont le statuaire a gratuitement imprégné son œuvre, empêchent le regard de s'y fixer.

Nous apprécions plus haut la statue de Berryer par M. Chapu. Cet artiste s'est surpassé lui-même dans l'image de la *Pensée*. Une jeune femme sobrement drapée est assise. Ses bras nus s'échappent de sa tunique. Son œil rêveur, douloureux, s'est porté vers le ciel; la tête, fortement relevée, est en pleine clarté. D'une main, la jeune Muse s'efforce d'écarter les voiles qui lui dérobaient l'inconnu, et, de son regard limpide, elle sonde les sphères sans limites de l'inspiration. Simple dans son geste, austère dans sa pose, la *Pensée* porte sur tout son être le signe multiple de la puissance, de la dignité, de la grâce. Les bras témoignent, par la pureté de leurs lignes, du choix et de la distinction des formes.

« Le bras, c'est la parole du marbre », nous disait un jour M. Chapu. Il y a beaucoup de justesse dans ce mot. Le statuaire n'a pas de signe plus expressif que le geste pour marquer le tumulte de la pensée qui se traduit par le verbe. Ils sont trop rares les artistes qui, à l'exemple de M. Chapu, se formulent à eux-mêmes, dans le recueillement de l'atelier, les axiomes nécessaires sur lesquels repose l'art plastique. Le geste du bras droit, dans la figure qui nous occupe, a je ne sais quoi d'incertain, de suppliant qui rend bien le caractère de l'esprit de l'homme en face de l'inconnu. La *Pensée* ne commande pas, elle implore. Et le statuaire a donné la mesure d'une habileté remarquable en modérant l'énergie du geste sans en atténuer l'ampleur. Une ligne serpentine du plus gracieux effet court depuis la main droite, qui est le point culminant de la composition, jusqu'aux pieds, d'un galbe sévère, que laisse entrevoir le vêtement. Se prononcer entre deux chefs-d'œuvre est chose difficile; cependant, nous trouvant en face de la *Pensée,* qui vient de mériter à M. Chapu la médaille d'honneur, nous ne pouvons moins faire que de nous souvenir de la *Jeunesse,* qui faisait décerner la même récompense il y a deux ans à l'éminent statuaire. Or, nous trouvons dans la *Pensée* plus de liberté, une grâce plus virile que dans l'image de la *Jeunesse*. Des deux immortelles modelées en ces derniers temps par M. Chapu, nous préférons la plus récente. Lorsqu'elle apparaîtra de nouveau sous nos yeux avec la pâleur idéale du carrare, la critique en jugera comme nous.

VII

M. Crauk : le *Maréchal de Mac Mahon*. — M. Leroux : *Rachel*. — M. Doublemard : *M. Henri Martin*. — M. Ramus : *Casimir Périer*. — M. Schrœder : le *Docteur Andral*. — M. Thomas : *P. Lorain; Perraud*. — M. Max Claudet : *Perraud*. — M. Hiolle : *Carpeaux; M. Jouffroy*. — M. Barthélemy : *Victor Baltard*. — M. David d'Angers fils : *M. Bouquet; Mademoiselle Samary*. — M. Caillé : *Mademoiselle Broizat*. — M. Godebski : *Vieuxtemps*. — M. Harel : *Carpeaux*. — M. Astruc : *Portrait de Madame Astruc*. — M. Barrias : *Portrait de Madame O****. — M. Grabowski : *Feu Madame M****. — M. Aubé : *Mes Enfants*. — M. Truphème : *Granet*. — M. Francia : *M. Pascal Duprat*. — M. Baujault : *M. Ricard*. — M. Doublemard : *Lesueur*. — M. Louis Lefèvre : le *Comte de Chambord*. — M. Lequien : l'*Amiral la Roncière-le Noury*. — M. Maillet : *Madame C****. — M. Courtet : *Jean-Jacques Ampère*. — M. Iselin : *Lagrange; l'abbé Cochet*. — M. Ponscarme : *Alphonse Lavallée*. — M. Bogino : *Madame la baronne de Caters*. — M. Oliva : le *Cardinal Guibert*. — M. Lafrance : *Medjé*. — M. Runeberg : *Mademoiselle ****. — M. Paul Dubois : *M. G. R*. — M. Allar : *M. Jacques D****. — M. Guillaume : *Ingres; le Mariage romain*.

La sculpture iconique tient une grande place au Salon. Nos artistes n'oublieront pas de longtemps les fortes traditions de Foucou, de Falconet, de Houdon. La tête humaine les attire. Traduire dans un marbre vivant et contemporain du modèle un personnage historique est un exercice élevé qui sollicite leur activité.

M. Crauk, l'heureux auteur de la statue de Niel et de l'intendant d'Étigny, vient de demander au marbre l'image du Président de la République. Pourquoi l'artiste a-t-il à ce point respecté les proportions des jambes que la pondération de son œuvre en est presque détruite? Ce n'est pas du reste la seule faute que nous ayons à relever dans le marbre du *Maréchal de Mac Mahon*. L'élégance du portrait approche de la maigreur; on donnerait vingt ans au maréchal. S'il faut en croire Vasari, Michel-Ange apportait tant de fougue à sculpter le marbre que souvent il manqua de matière pour terminer ses statues; on serait tenté de croire que M. Crauk a cherché l'image du maréchal dans un bloc qui ne lui a pas permis de travailler à l'aise. Il y a de la contrainte dans cette figure; toutefois, la tête est finement traitée.

La statue de *Rachel*, œuvre de M. Leroux, se rapproche par plus d'un point des figures de Faustine et d'Agrippine; mais l'artiste français n'a pas eu le secret d'atteindre à la concision des maîtres de l'ancienne Rome. Des draperies trop fouillées surchargent le siége antique sur lequel pose la tragédienne. Nous préférons à la statue de M. Leroux le marbre un peu fruste de Duret que possède la Comédie française. Duret a mieux dit, en contenant son ciseau, la force intime de l'actrice, fidèle interprète des grandes œuvres, que M. Leroux ne l'a su faire par le tumulte du voile et du peplum.

Le buste impassible de *M. Henri Martin*, par M. Doublemard, n'a de mobile que les lèvres. *Casimir Périer*, par M. Ramus, est un marbre éclatant de résolution; le front domine. Dans le portrait du *docteur Andral*, par M. Schrœder, la pénétration du savant, tempérée par la bonté, se lit sur un visage aminci et plein de distinction.

M. Thomas a bien rendu la sûreté du regard, le caractère affirmatif et sincère des traits du professeur *P. Lorain*. Le même artiste a modelé, dans un sentiment de bonhomie charmante, où perce une pointe malicieuse, la tête de son collègue et de son ami le statuaire *Perraud*. C'est aussi *Perraud* que M. Max Claudet a sculpté dans un marbre de choix; mais l'amitié du sculpteur pour son modèle a nui à l'idéalité de l'image. Le buste dont nous parlons a le défaut d'être trop vrai. M. Hiolle nous offre un buste de *Carpeaux* d'un romantisme qui eût certainement étonné Carpeaux lui-même. Nous préférons beaucoup à cette œuvre fantaisiste le buste de *M. Jouffroy*, que M. Hiolle semble avoir exposé pour nous faire juge de la flexibilité de sa manière. Sobre au point de vue du travail, la tête de M. Jouffroy porte le caractère de la pensée. C'est un portrait bien compris.

Si M. Barthélemy n'avait exagéré la couleur des cheveux par des oppositions voulues, son buste de *Victor Baltard* rappellerait avec éloquence la bonté simple de cet homme éminent. *M. Michel Bouquet*, un artiste en émail, a reçu de M. David d'Angers un buste savamment modelé. Les joues aux plans nombreux, les tempes légèrement écrites modèrent l'expression des yeux et des lèvres, qui portent l'indice de la volonté. Le buste de *Mademoiselle Samary*, de la Comédie française, par le même artiste, est un travail délicat. Quelques mèches de cheveux ont roulé discrètement sur le front de la jeune femme; la tête est mollement penchée, le regard est vif, et de ce mélange de finesse et de naïveté, gravé dans un juste équilibre sur le marbre largement traité, M. David a su faire la note dominante de son œuvre.

Le culte du détail est poussé à l'extrême par M. Caillé dans le portrait à mi-corps de *Mademoiselle Broizat ;* des accessoires de tout genre crépitent sous le regard.

A la suite de M. Caillé, nous pouvons citer M. Godebski, auteur d'un portrait de *Vieuxtemps ;* M. Harel, qui a signé un buste de *Carpeaux ;* MM. Astruc et Barrias, pour deux bustes de femme qui ne le cèdent pas aux œuvres cherchées de MM. Calvi, Claudio Ricco et Vincenzo Genito.

Feu Madame ***, par M. Grabowski, est un marbre dont le laconisme mérite d'être signalé. *Mes Enfants,* par M. Aubé, sont deux portraits pleins de grâce et de naïveté. C'est un marbre bien sculpté que *Granet,* par M. Truphème ; la bonhomie et la finesse se font équilibre sur les traits du peintre populaire du *Tasse dans sa prison.*

Un buste de *M. Pascal Duprat,* par M. Francia, n'est guère qu'une ébauche à laquelle l'artiste a voulu imprimer un accent de colère qu'on prendrait aisément pour de l'épouvante. Ce n'est pas que le portrait de *M. Ricard,* par M. Baujault, soit sensiblement supérieur à l'image de M. Duprat. Les lèvres de l'ancien ministre ont une certaine morgue prétentieuse qui n'ajoute rien, on le comprend, au caractère du visage ; de plus, le marbre est lourdement traité.

M. Doublemard fera bien de modeler à nouveau son buste de *Lesueur.*

Le buste du *Comte de Chambord* manque de naturel dans la pose ; le volume de la barbe détruit toute la pondération du visage ; les draperies accumulées sur la poitrine ne sont pas conçues avec assez de laconisme.

M. Louis Lefèvre accuse dans cet ouvrage une grande inexpérience au point de vue de la composition, mais il sait travailler le marbre avec une habileté réelle. Le portrait de l'amiral *la Roncière-le Noury,* par M. Lequien, est un marbre plein de distinction, et l'anatomie de la face est bien comprise.

M. Maillet rachète heureusement son groupe emphatique de *César* par le portrait de *Madame C****, dont le marbre n'est pas moins sobre que puissant.

La rêverie de *Jean-Jacques Ampère* est écrite avec élégance sur le marbre que M. Courtet vient d'exécuter pour la ville de Lyon. Nous trouvons de grandes qualités dans le portrait de *Lagrange,* par M. Iselin, mais l'image du célèbre astronome eût été sans lacunes si l'artiste eût moins cherché l'effet dans le travail des sourcils et des yeux.

Il n'y a rien à reprendre dans le bronze apaisé, méditatif et plein de franchise de l'*Abbé Cochet,* par M. Iselin.

La patience et la sagacité gravées d'une main légère sur un marbre affiné distinguent le portrait d'*Alphonse Lavallée,* par M. Ponscarme.

Saluons *Madame la baronne de Caters,* née Lablache, que M. Bogino vient d'exposer en terre cuite : c'est du marbre qu'il eût fallu employer pour ce buste démesuré. M. Oliva n'a pas su donner au portrait du *Cardinal Guibert* ce grain de la peau que maintes fois l'artiste a fait frissonner sur ses bustes. *Medjé,* par M. Lafrance, est un portrait d'Orientale au profil de vautour. La candeur est savamment écrite sur le front de *Mademoiselle* ***, dont le buste est dû au ciseau de M. Runeberg, un sculpteur scandinave. M. Paul Dubois, membre de l'Institut, qui semble se plaire aux portraits d'enfants, a traité avec distinction le buste de *M. G. R.* Les joues pleines et calmes, le menton, dont la ligne médiane fléchit en dessinant une fossette, le front sans plis disent la sécurité, l'insouciance, les joies simples de la douzième année.

Il n'a pas même douze années, *M. Jacques D...*, dont M. Allar a sculpté les traits dans un marbre distingué, plein de grâce enfantine et de fraîcheur. Mais les portraits sans nom ne sauraient captiver l'esprit avec autant de puissance que les bustes de nos grands hommes. *Ingres,* par M. Guillaume, est une œuvre vigoureuse dont il convient de louer le mouvement et l'expression. Ingres, vu jusqu'à mi-corps, tourne la tête de gauche à droite, tandis que les bras et la poitrine sont placés dans la direction opposée. Une feuille de papier, un stylet sont dans les mains aux doigts nerveux et crispés. Ce simple indice suffirait à faire naître l'idée de puissance et de probité, caractères distinctifs du dessin du maître. La brusquerie, l'humeur sont gravées dans le port de la tête. Le front vaste et bien abrité par une chevelure abondante, l'œil enchâssé dans l'orbite, les joues frémissantes, la lèvre qui déborde, tout dans ce masque irrité parle de décision, d'audace et de génie.

Ne nous séparons pas de M. Guillaume sans décrire le *Mariage romain*. Deux fiancés sont assis, la main dans la main. La jeune femme tient les yeux baissés et relève, par un geste d'une exquise convenance, son voile nuptial sur sa poitrine. La chasteté de l'épouse est écrite dans la pose réservée, dans la tranquillité des draperies, dans la symétrie des pieds placés sur le même plan. L'époux tient le pied gauche en avant, tandis que l'autre est légèrement rentré; n'est-ce là qu'un détail cherché par l'artiste pour faire succéder l'alternance à la symétrie? Ne le croyez pas. M. Guillaume est un artiste penseur, et l'âme humaine, lorsqu'il entreprend d'en raconter les impressions, se trahit sur chaque point de la glaise. Les plis de la toge, dérangés par le mouvement des jambes chez le jeune Romain, marquent sa résolution. Le regard ouvert et limpide, la main gauche posée sur la cuisse achèvent de peindre l'assurance joyeuse de l'époux. Ce groupe, qui est un symbole de l'amour dans ce qu'il a de plus intime et de plus élevé, demande à être traduit en marbre, et nous voulons croire qu'une place d'honneur sera faite à cette page de grand style, que M. Guillaume a su traiter avec un art supérieur, aussi bien au point de vue du modelé que de la composition.

VIII

Madame de Saint-Priest : *Primavera.* — Mademoiselle Fresnaye : la *Fille d'Apollodore projetant l'érection d'un monument à la mémoire de son père.* — Feu madame Louise Lefèvre-Deumier : *Hommage funèbre.* — Mademoiselle Nicolet : *Saint Georges.* — Madame Halévy : *Madame Krauss.* — Madame Jeanne de Beaumont-Castries : le *Maréchal de Castries.* — Mademoiselle Dubray : *M. Birbeck.*

Nous découvrons dans *Primavera*, par madame de Saint-Priest, une habileté de ciseau qui marque l'étude. De même le torse de la jeune fille est-il modelé avec goût, mais la pose symétrique des bras, et la tête qui est en complet désaccord par son caractère avec le reste du travail, enlèvent au marbre consciencieux de madame de Saint-Priest la meilleure part de son mérite.

Signalons la *Fille d'Apollodore projetant l'érection d'un monument à la mémoire de son père*. Mademoiselle Fresnaye, l'auteur de cette œuvre, oublie de nous apprendre s'il s'agit ici d'Apollodore le peintre athénien ou de l'architecte de Damas, l'auteur de la basilique Ulpia et de la colonne Trajane; mais, à vrai dire, il n'importe, car la *Fille d'Apollodore* ne se rattache à la sculpture historique que par le livret.

Feu madame Louise Lefèvre-Deumier est représentée au Salon par un *Hommage funèbre*. L'ange de la mort, que sans doute l'artiste dut entrevoir pendant qu'elle modelait sa dernière œuvre, dépose une couronne sur le sol, emblème des joies humiliées.

Le sentiment domine dans la statue de *Saint Georges*, par madame Nicolet. Les draperies manquent de laconisme et de goût, mais le geste exprime l'action de grâces du vainqueur qui reporte à Dieu l'honneur de son triomphe.

Madame Halévy a demandé au marbre le vivant portrait de *Madame Krauss* dans le rôle de *Rachel* de la *Juive*. Nous ne relèverons pas ce qu'il y a de touchant dans ce discret hommage rendu par la veuve du compositeur à la noble interprète des œuvres de son mari. Ajoutons qu'il ne fallait pas moins de courage que de délicatesse pour s'acquitter d'une pareille tâche, le modèle de madame Halévy étant connu de toute l'Europe. Il n'est personne parmi les visiteurs du Salon qui n'ait constaté la ressemblance du portrait de madame Krauss.

Un des bustes dignes d'attention, c'est sans contredit celui du *Maréchal de Castries*, par madame Jeanne de Beaumont-Castries. La tête est sévèrement modelée; les draperies ont de l'ampleur et du style.

De la vie, une expression contenue qui est le signe de l'activité intellectuelle, recommandent le buste en bronze de *M. Birbeck*, par mademoiselle Dubray.

IX

Que pouvons-nous conclure des pages qui précèdent? Notre épilogue sera court.

Nous possédons en France, à l'heure actuelle, un groupe de sculpteurs qui chaque année donnent au public une preuve nouvelle de leur persévérance dans l'étude et de leur talent.

Moins nombreux que les peintres en renom, il semble qu'ils soient aussi moins capricieux.

On ne voit pas surgir dans leurs rangs de ces artistes fougueux, incapables de soutenir l'éclat d'une première œuvre.

Les sculpteurs français suivent dans leur marche régulière une gradation raisonnée.

Le succès couronne les efforts de plusieurs; mais c'est un succès plein de mesure que l'avenir ne contestera pas.

Il y a donc progrès parmi les jeunes maîtres qui chez nous tiennent l'ébauchoir, et, avant peu d'années, le groupe de ces artistes pleins de probité méritera peut-être le glorieux titre d'École.

TABLE DES AUTEURS

PARIS. TYPOGRAPHIE DE E. PLON ET Cie, 8, RUE GARANCIÈRE.

www.ingramcontent.com/pod-product-compliance
Ingram Content Group UK Ltd.
Pitfield, Milton Keynes, MK11 3LW, UK
UKHW021625260726
13994UKWH00003B/1078

9 782329 370910